GÉNÉALOGIE

De la Maison

DE COURBON DE LA ROCHE-COURBON-BLÉNAC.

Courbon ou **(Corbon)** de la **Roche-Courbon Blénac**, ancienne et illustre famille originaire de Touraine, habite la Saintonge depuis une époque très honorable pour elle et très reculée comme on va le voir.

Le seigneur de LA ROCHE-COURBON (ou CORBON), chevalier du pays de Touraine, porta bannière sous le règne de Philippe II, depuis le 18 septembre 1180 jusqu'au 14 juillet 1223. *(Historiæ Normanorum scriptores*, recueillis par André Duchesne, in-f°, page 1035).

Il y a des lettres de Charles V, roi de France, données à Paris le 20 février l'an 1375, par lesquelles Sa Majesté accorde à ARNAUD DE COURBON le droit de porter — lui et ses hoirs et descendants à perpétuité — la Royale Étoile, en tous lieux, batailles, places, fêtes et compagnies que bon leur semblera. Ces lettres portent que « c'est après s'être informé de leur bonne et noble gé- » nération, et en considération de ce qu'à leurs propres » coûts et dépens ils avaient assiégé et mis les Anglais » hors du château de Mortagne (sur Gironde en Saintonge) » et rendu ce pays à l'obéissance du Roi. »

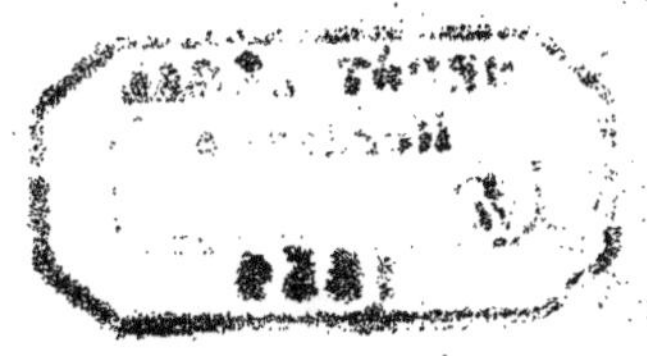

Hugues de Courbon, sire de La Roche-Courbon, fut l'un des clercs du secret sous Philippe-le-Bel (charge qui donna naissance à celle de Ministre d'État de nos jours et dont elle est, en effet, l'origine).

Il eut pour frère Ardouin de Courbon qui eut quatre fils de Perronnelle Duplessis-Savonnière, dont le dernier fut Hugues de Courbon, en 1228. Celui-ci ne se maria point, mais il attira Jean, sire de Courbon, son neveu, dans la province de Saintonge par un événement qui mérite d'être rapporté.

Hugues de Courbon, sire de La Roche-Courbon (ou Corbon), en Touraine (dont cette famille tire son origine), évêque et duc de Langres et qui mourut aux croisades, en la ville de Damiette, en 1250, était très proche parent des comtes de la Marche et de Lusignan par la dame Horix, sa mère, fille du chambellan héréditaire du Poitou. Cette illustre maison de Lusignan était un peu déchue de son ancienne splendeur et elle dut un renouvellement de grandeur à la maison de Courbon.

Dès l'an 1217, Jean, sire de Courbon, chevalier de Bonnevel et l'un des plus braves chevaliers du fameux Artus, comte d'Anjou, duc de Bretagne, avait procuré le mariage de Hugues de Lusignan, comte de la Marche, son parent, avec Isabelle de Taillefer, comtesse d'Angoulême et reine douairière d'Angleterre, à laquelle la dame Horix, femme de Jean, sire de Courbon avait l'honneur d'appartenir.

L'évêque et duc de Langres, leur fils, avait toujours continué le même attachement à la princesse Constance, mère d'Artus, duc de Bretagne, et à la princesse sa fille, mariée au seigneur comte de Dreux, qui fut surnommé Maucler, duc de Bretagne et prince du sang de France après la mort d'Artus.

Le comte de Dreux n'eut qu'une fille nommée Yolande,

dont HUGUES DE COURBON, ci-dessus nommé, fit le mariage en 1236 avec Hugues de Lusignan, dit le *Brun*, fils de Hugues, comte de la Marche et de Lusignan et de la reine Isabelle, douairière d'Angleterre.

Les comtes de la Marche, d'Angoulême et de Lusignan se croisèrent ; ils en revinrent. Mais HUGUES DE COURBON, évêque et duc de Langres, qui se croisa comme eux, eut un sort différent ; il mourut en Palestine entre les bras des seigneurs de la Marche et de Lusignan auxquels il recommanda la postérité d'ARDOUIN, SIRE DE COURBON, son frère.

Ces seigneurs, de retour en France, regardèrent toujours la famille de LA ROCHE-COURBON avec la plus haute estime et la plus grande amitié, principalement HUGUES, SIRE DE COURBON, dernier des enfants D'ARDOUIN, SIRE DE LA ROCHE-COURBON, qui fut élevé à Poitiers avec les fils du comte de la Marche, Hugues-le-Brun. Après la mort de Hugues-le-Brun, son fils aîné ayant épousé Béatrix de Bourgogne, cette princesse prit pour première dame d'honneur, la dame DE LA ROCHE-COURBON, Héluïs de Thiers, fille de Jean, sire de Thiers et de dame DOUPLAIN, sœur de l'épouse de JEAN, SIRE DE COURBON.

Béatrix de Bourgogne n'eut pas d'enfants et le comte Hugues mourut en l'an 1303, laissant pour unique héritier Guy, comte de la Marche, son frère puîné, qui était lui-même d'une très mauvaise santé. Il en confia le soin et tous les intérêts ainsi que ceux de la princesse sa veuve, à HUGUES, SIRE DE COURBON.

Philippe-le-Bel régnait ; il jugeait bien de quelle importance était pour les intérêts de son royaume que les comtes de la Marche et de Lusignan ne contractassent pas d'alliance avec quelques maisons ennemies de l'Etat ; HUGUES DE COURBON fut chargé d'y veiller. Il réussit au-delà des espérances du roi, ayant engagé Guy de la

Marche à donner à jamais, par testament, aux rois de France, les grandes et belles provinces dont il était propriétaire. Ce testament fut suivi de près de la mort de ce seigneur, décédé à Poitiers en l'an 1307.

Le roi Philippe honora aussitôt HUGUES DE COURBON, SIRE DE LA ROCHE-COURBON (en Touraine) de la dignité de clerc du secret pour les provinces acquises à la couronne par ce testament, et notamment pour celles de Poitou, Saintonge et Angoumois.

HUGUES DE COURBON, revêtu de ce nouvel emploi, suivit la comtesse Béatrix, douairière d'Angoulême, à Cognac dont le château lui fut donné pour domicile. Il s'y fixa lui-même et appela près de lui JEAN, SIRE DE COURBON, son neveu, auquel il avait fait épouser PÉRONNELLE DE SENLIS, COMTESSE DE DREUX, et à qui il laissa les terres de Vibrac et St.-Germain qui lui appartenaient du fait de sa femme GUILLEMETTE DE VIBRAC.

HUGUES DE COURBON, clerc du secret, partageait sa vie entre le monastère de Saint-Cyprien de Poitiers et le monastère de St.-Etienne qu'il avait fondé à Bassac ; il termina ses jours dans cette dernière abbaye, en l'an 1337.

Son neveu, JEAN DE COURBON, eut une fille et un fils : LOUIS, SIRE DE COURBON. La fille devint dame de Jeanne, comtesse de Champagne, fille de Louis X, roi de France, lorsqu'elle épousa le roi de Navarre. Quant à LOUIS DE COURBON, il fut nommé maréchal de Navarre par Philippe, comte d'Evreux, à l'avénement de ce prince au trône de Navarre.

LOUIS DE COURBON, SIRE DE LA ROCHE-COURBON, maréchal de Navarre, fut père de JEAN, SIRE DE COURBON qui se signala à la bataille de Poitiers le 19 septembre 1356, et de JACQUES DE COURBON qui y fut tué ; ce dernier fut enterré dans l'église de Notre-Dame-la-Grande, à Poitiers.

Un autre JEAN RIBRICHE, SIRE DE COURBON fut également tué à la même journée et fut inhumé dans l'église des frères Mineurs à Poitiers. (V. Annales d'Aquitaine de Jean Bouchet, édit. de 1664, page 203).

LOUIS DE COURBON avait épousé ANNETTE DE VERSAILLES, dont il eut ARMAND DE COURBON, SIRE DE LA ROCHE-COURBON qui mérita, comme il est dit ci-dessus, d'être honoré par le roi Charles V en 1375, de l'ordre de la Royale Etoile.

Il fut père de HENRI DE COURBON auquel commence la généalogie imprimée qui ne remonte que vers l'an 1400, époque à laquelle on faisait commencer les *preuves* avant 1789.

I. Henri de Courbon épousa vers 1370 LUCE DE VANCEY, fille de Maurice de Vancey, écuyer, et de dame Pauline d'Origny, dont naquirent :

1°. AIMARD DE COURBON, dont l'article viendra ;

2°. HENRI DE COURBON, élu abbé de Saint-Etienne de Bassac, de l'ordre de Saint-Benoît, le 17 mars 1451 et prieur de Saint-Pierre de Jarnac le 21 février 1476. (V. *Gallia Christiana*, nouv. édit., tome 2., *col* IV, A.)

3°. JEAN DE COURBON, prieur de St.-Savinien en 1473.

II. Aimard de Courbon, écuyer, seigneur de St.-Léger, épousa vers l'an 1400, LATISSE DE CRESSIET qui lui porta en dot la terre de St.-Léger, dont il rendit l'hommage le 8 février 1439. De ce mariage naquit :

III. Henri de Courbon, écuyer, seigneur de Saint-Léger, qui épousa en 1427 ISABEAU GALLARD DE GOULLARD. De ce mariage naquit :

IV. Nicolas de Courbon, écuyer, seigneur de Saint-Léger ; il fit hommage pour cette terre à l'abbé de Saint-Cyprien, le 17 août 1507. Il fut maître-d'hôtel du roi François Ier et premier maître-d'hôtel de Louise de Savoie, duchesse d'Angoulême. Il fit hommage au seigneur de Pons pour sa terre de Berneuil en 1516. Il avait épousé Marguerite de Polignac, fille de Foucauld de Polignac, écuyer, seigneur de Fontaines et de Fléac, en Saintonge, et d'Agnès de Chabannais. D'où naquirent :

1°. Jean de Courbon, écuyer, seigneur de St.-Léger, pannetier du roi et de Louise de Savoie, duchesse d'Angoulême, mère du roi ; marié avec Mlle Catherine de Saint-Aubin que la duchesse d'Angoulême dota en vue de ce mariage. Il rendit hommage en 1517 et en 1519 pour ses terres de Souillac et autres dans celle d'Archiac ; mourut sans postérité en 1523.

2°. Guy, dont l'article suit :

V. Guy de Courbon, écuyer, seigneur de Saint-Léger, par la mort de son frère aîné, rendit son hommage en 1523 ; il lui succéda dans tous ses biens, places, charges, titres et honneurs. Il avait épousé, le 13 janvier de la même année, damoiselle Bonaventure Vigier, fille de Guy de Vigier, écuyer, et de damoiselle Charlotte de La Roche dont naquirent trois fils et cinq filles, qui suivent :

1°. François de Courbon, mort sans postérité ;

2°. Joachim de Courbon, mort sans postérité ;

3°. Jacques de Courbon, dont l'article viendra ci-après ;

4°. Bonaventure de Courbon, mariée 1° avec Pierre d'Artigoity et de Belsunce en Biscaye, gentilhomme de la chambre du Roi, grand chambellan et maître de la garde-robe du duc de Lorraine ; — 2° avec Affricain,

BARON DE HAUSSONVILLE , premier pair de l'évêché et comte de Verdun. Elle fut dame d'honneur (1573) de la reine Catherine de Médicis et de Claude de France , duchesse de Lorraine ; puis gouvernante des princesses de Lorraine ;

5°. FRANÇOISE DE COURBON , femme de haut et puissant seigneur JACQUES DE PONS , écuyer , seigneur de la Forêt , etc., etc. ;

6°. PERRETTE DE COURBON , morte sans avoir été mariée ;

7°. LOUISE DE COURBON , mariée à l'illustrissime don DIÉGUE DE LA CUEVA , marquis DE LA DRADA , espagnol ;

8°. JEANNE DE COURBON , mariée 1° le 18 janvier 1572 avec FRANÇOIS DE GUIGNAUSSON , écuyer , seigneur de Villefannier ; — 2° le 1er octobre 1609 avec JOSIAS DE BEAUMON.

VI. Jacques de Courbon , écuyer , seigneur de Saint-Léger , Souillac , etc. , commandant pour le Roi en la ville de Saintes , en l'absence de M. de Bellegarde. Il fit l'hommage de ses deux terres et de celle de Romette en 1585. Il épousa l'an 1575 demoiselle JEANNE DE GOMBEAUD , douairière de Romette et de Romegoux , fille de Pierre de Gombeaud , écuyer , et de Bertrande de Leaumond. De ce mariage vinrent :

1. CHARLES DE COURBON , dont l'article viendra ci-après ;

2. JACQUES DE COURBON , écuyer , seigneur de Romegoux , baron de Blénac , qui sera rapporté à la branche des comtes de Blénac , qu'il a formée (article XI).

3. LOUIS DE COURBON , écuyer , seigneur de Romegoux et de Romette , capitaine au régiment de Champagne , tué à l'affaire du pont de Lunel. Il avait épousé N...

Philippiers, de la ville de Cognac, dont sont issus :

A. Charles de Courbon, mort sans avoir été marié;

B. Marie de Courbon, mariée avec N... Boschal de Réal, écuyer, seigneur de Mornac.

VII. Charles de Courbon, chevalier, écuyer, seigneur de Saint-Léger, fut fait en 1615 chevalier de l'ordre de Saint-Michel et mestre de camp d'un régiment d'infanterie. Il était, en 1626, lieutenant de la compagnie des gendarmes du duc d'Epernon. Il reçut, en 1633, une lettre du Roi pour reconnaître le comte de Jonzac en qualité de lieutenant-général de Sa Majesté en Saintonge et pour lui donner toute l'assistance dont il aurait besoin. Il eut ordre du Roi, le 30 juillet 1635, de se rendre auprès du commandeur de la Porte pour être employé à la garde des places et des îles de la côte de Saintonge. Il avait été marié le 16 janvier 1605 avec demoiselle Jeanne-Gabrielle d'Agés, fille et seule héritière de haut et puissant seigneur François d'Agés, chevalier de l'ordre du Roi, gentilhomme de sa chambre, seigneur de Saint-Sauveur, Briaigue, Longueron, les Barres, etc., et de dame Jeanne du Chesnay, son épouse, laquelle était sœur d'Aimée du Chesnay, épouse de Gaspard de Courtenay, et de Françoise-Louise du Chesnay, femme du seigneur de Crèvecœur, toutes trois filles de Jean du Chesnay, gouverneur de Gien, et de Claude de Rochechouart-Saint-Amand, sœur de Françoise de Rochechouart, aïeule paternelle du cardinal de Richelieu. Il laissa :

1°. Jean-Louis de Courbon, dont l'article viendra ci-après (VIII).

2°. Charles de Courbon, chevalier, seigneur, baron de Seure, appelé d'abord le baron de Longueval, puis le comte de Courbon, marié 1°. en 1651 avec Gabrielle

DE BOSSU, sa cousine issue de germaine, fille de Jacques de Bossu, seigneur de Longueval et de Gasparde de Courtenay ; — 2°. avec MARIE DE BOSSU, sœur de la précédente ; — 3°. le 5 février 1701 avec LOUISE-HONORÉE-REINE LURE DE SALUCE, fille de Claude-Honoré Lure de Saluce, comte d'Uza, et de Claude-Françoise de St.-Martial de Drugeau ; mort en 1713.

3°. LÉONARD DE COURBON, écuyer, seigneur de St.-Léger, marié avec SUZANNE DE MENDOZE. De ce mariage vinrent : 1°. JEAN DE COURBON, seigneur de St.-Léger, capitaine des vaisseaux du Roi, mort sans postérité en 1719 ; — 2°. JACQUES, dit LE CHEVALIER DE COURBON, aussi capitaine de vaisseau, mort en 1725 sans avoir été marié ; — 3°. JEAN-LÉONARD DE COURBON de St.-Léger, seigneur de Berneuil, également capitaine de vaisseau, marié en 1690 avec MADELEINE DE GUINOT DE MONCONSEIL, dont sont issus :

A. CHARLES-MARC-ANTOINE DE COURBON, dont l'article reviendra (X) ;

B. ESTELLE DE COURBON-ST.-LÉGER, mariée en 1711 avec HIPPOLYTE D'AIGUIÈRE, très ancienne famille d'Arles, en Provence, établie en Saintonge depuis cette époque.

4°. SUZANNE DE COURBON, mariée en 1636 avec CHARLES BÉCHILLON, chevalier, seigneur d'Irtaud et du Vanneau, près Niort, qui eut entre autres enfants un fils chevalier de Malte en 1657, et Marie de Béchillon, mère de Jean-Charles de Sénecterre, comte de Saint-Victour-Sénecterre, lieutenant-général des armées du Roi et son ambassadeur à Turin ; mort maréchal de France.

VIII Jean-Louis de Courbon, d'Agés et du Chesnay, chevalier, marquis de St.-Sauveur et de La

Roche-Courbon , Briaigne , etc. , né en 1617 , chevalier de l'ordre du Roi et conseiller en ses conseils d'Etat et direction des Finances par lettres de 1621, obtint l'érection de ses terres de Saint-Sauveur en Puisaye et de Roche-Courbon en titre de marquisats pour lui et ses descendants mâles , par lettres de 1649 , enregistrées en 1650. Il fut, la même année , premier gentilhomme de la chambre de Mgr le duc d'Enghien , par lettres dans lesquelles ce prince le traite de son allié ; en effet , il avait épousé en 1639, ANNE DE JALEME, fille de Charles, seigneur de Jaleme , en Vendômois , et d'Eléonore de Maillé-Brézé, grand'tante de madame la princesse Claire-Clémence de Maillé-Brézé, mariée le 11 février 1641 avec S. A. S. Mgr le prince de Condé, dit *le Grand*. D'où naquirent :

IX. Eutrope-Alexandre de Courbon , chevalier, marquis de la Roche-Courbon et de St.-Sauveur, baron de Cozes, Briaigne, Chezac , etc. ; capitaine de vaisseau, commandant la compagnie des gardes de la marine à leur création, quitta en 1667 le service de mer, devint colonel d'un régiment d'infanterie , marié le 4 août 1686 avec MARIE D'ANGENNES, fille de Gabriel d'Angennes, chevalier, seigneur de Vaux, Berrus, La Fellière et de dame Saint-Julien-Saint-Marc , dont naquirent :

1. ANNE-MARIE DE COURBON , décédée fille en 1712 ;

2. ESTELLE-THÉRÈSE DE COURBON , demoiselle de La Roche-Courbon , mariée dans la chapelle du château de Saint-Cloud, le 4 juillet 1714 , avec LOUIS-CHARLES DE LA MOTHE-HOUDANCOUR , comte de La Mothe, grand d'Espagne de 1re classe, lieutenant-général des armées du Roi , gouverneur de Salins dans le comté de Bourgogne , mort maréchal de France.

X. Charles-Marc-Antoine de Courbon, chevalier, seigneur de Saint-Léger, fils de JEAN-LÉONARD DE COURBON et de MADELEINE GUINOT DE MONCONSEIL, dont il est question ci-dessus, naquit en 1695, fut capitaine de vaisseau, épousa en 1719 demoiselle MARIE-MADELEINE DU CLERC, dont issurent :

1°. JEAN DE COURBON, marquis de La Roche-Courbon, né en 1720, décédé sans enfants, colonel du régiment de Forey ;

2°. JEAN-HIPPOLYTE DE COURBON, né en 1721, chanoine de l'église métropolitaine de Paris, le 20 mai 1737 ;

3°. Une fille (?) née en 1724, décédée pensionnaire à l'abbaye de Beaumont-les-Tours.

———⟨∞⟩———

XI. Jacques de Courbon, marquis de la Roche-Courbon, chevalier, seigneur de Romegoux, baron de Blénac, de Lîleau, Bréneau, le Fréne, etc., fils de JACQUES DE COURBON et de JEANNE DE GOMBEAUD, dont il est parlé article VI ; mestre de camp d'infanterie, gentilhomme de la chambre du Roi, fut marié le 10 février 1613 avec MARIE THISON, DAME DE LA SAUZAIE, veuve de GODEFROY DE TALLEYRAND, comte de Grignolles, fille de Jean Thison, seigneur du Roc et de Marie de la Roche-Champagne. Il mourut dans son château de La Roche-Courbon, paroisse de St.-Porchaire, le... 1640. De ce mariage naquirent :

1°. CHARLES DE COURBON, dont l'art. vient ensuite ;

2°. MARIE DE COURBON, mariée le 3 décembre 1639 avec ANDRÉ DE TALLEYRAND-PÉRIGORD, comte de Grignolles, baron de Beauséjour, Chéveroches et autres lieux, chevalier des ordres du Roi, mestre de camp d'infanterie et maréchal de camp.

XII. Charles de Courbon, chevalier, marquis de La Roche-Courbon, comte de Blénac, seigneur de Roumegoux, Lileau, Bréneau, le Fréne, etc., conseiller du Roi en ses conseils, maréchal des camps et armées de Sa Majesté, premier chambellan de Monseigneur le duc d'Orléans, frère du Roi, grand Sénéchal de Saintonge en 1649, obtint l'érection de ses terres de Blénac, Lileau et Bréneau en titre de comté pour lui et ses descendants mâles à perpétuité, par lettres données à Toulouse en 1659, registrées en chambre des comptes et dans les trésoreries de France et de Guyenne et au parlement de Bordeaux, présidiaux de Saintes et de Marennes. Après avoir servi dans les armées de terre depuis le siége de Lérida, CHARLES DE COURBON entra dans la marine et fut fait capitaine de vaisseau en 1669, puis lieutenant-général des armées du Roi par terre et par mer, gouverneur et lieutenant-général des îles françaises et de tout le pays d'Amérique, par lettres de provision données à Condé le 13 mai 1677. Par un hasard, peut-être unique au monde, chef d'une escadre dont les 6 vaisseaux étaient commandés par ses six enfants, il prit, sur les ennemis, les forts et la partie Anglaise de l'île de Saint-Christophe en 1682, celles de Saint-Eustache et de Sainte-Lucie en 1689. Il mourut à la Martinique le 10 juin 1696 après avoir été marié (27 septembre 1649) avec Angélique DE LA ROCHEFOUCAULT, veuve de Louis de La Rochefoucault-Bayères, son cousin au 2me ou 3me degré, fille de Louis de La Rochefoucault, seigneur de Bayères, la Bergerie, le Jarry, etc., et sœur des duchesses de Noailles et de la Vieuville ; d'où sont issus :

1°. CHARLES DE COURBON, comte de Blénac, élevé

page du Roi , puis capitaine de vaisseau , né en 1651 , mort sans postérité ;

2°. LOUIS DE COURBON, marquis de Contré, également page du Roi , puis capitaine de vaisseau , gouverneur de l'île de La Tortue et de la côte de Saint-Domingue par lettres de 1712. Il mourut également sans avoir été marié ;

3°. FRANÇOIS DE COURBON , dont l'article suit ;

4°. JEAN-LOUIS DE COURBON, dont l'art. viendra (XV) ;

5°. FRANÇOIS, DIT LE CHEVALIER DE COURBON, comte de Blénac, capitaine de vaisseau , marié en 1716 avec MADELEINE DE BONNEGENS , dame de St.-Mandé , dont est issue une fille mariée au marquis DE LESCOURS ;

6° ARNOULD DE COURBON, né en 1665, capitaine de vaisseau , tué au combat de la Barbade , sans laisser d'enfants.

7°. MARIE-ANNE DE COURBON-BLÉNAC, nommée par le Roi abbesse de Notre-Dame-de-Molesne, ordre de Cîteaux en 1711 ;

8°. — 9°. — 10°. — Trois filles religieuses, l'une à Puyberlan, une autre à Tussou et la troisième à St.-Jean-d'Angély.

XIII. François de Courbon , comte de Blénac, né en 1658, reçu chevalier de Malte en 1662 , devint successivement enseigne , lieutenant et capitaine des vaisseaux du Roi ; quitta la croix de Malte en 1695 pour épouser ESTERDRAUD DE ROCHEBRÉUIL, dont sont issus :

1°. GABRIEL-MADELEINE DE COURBON, dont l'article suit ;

2°. CHARLES-ANGÉLIQUE DE COURBON, comte de Blénac, marquis de Courbon et de Contré, né en 1699, capitaine de cavalerie au régiment de Monseigneur le comte de Clermont, mort sans postérité.

XIV. Gabriel-Madeleine de Courbon , chevalier, marquis de La Roche-Courbon, comte de Blénac, baron de Lileau, Breneau, seigneur de Roūmégoux, Contré, Chante-Merlière, etc., né en 1698, grand sénéchal de Saintonge, capitaine de cavalerie au régiment Royal-Piémont, marié en 1723 avec ANNE GARNIER DE SALINS, fille de Jean-Baptiste Garnier de Salins, marquis de Salins, et de Catherine de Saint-Amant, d'où naquit : ARNOULD-PIERRE DE COURBON, dont l'article reviendra (XVII).

XV. Jean-Louis de Courbon, seigneur de Roumegoux, marquis de Blénac, capitaine de vaisseau et commandant les gardes de la marine, mort en 1713 après avoir été marié en 1707 avec SOPHIE DE PONS, dame de Champdolent, dont sont issus :

1°. RENAUD DE COURBON, né en 1709, chevalier, marquis de Blénac, baron de Champdolent, mort en 1787 sans laisser de postérité de sa femme PONTE DE NIEUL ;

2°. CHARLES DE COURBON, dit le comte de Blénac, dont l'article se répétera ci-après ;

3°. HENRI DE COURBON-BLÉNAC, né en 1712, prieur de Benneviolle ;

4°. N... DE COURBON, mariée avec le marquis DE TURPIN DE JOUHÉ.

XVI. Charles de Courbon, né en 1710, dit le comte de Blénac, lieutenant-général des armées navales, grand'Croix de l'Ordre Royal et militaire de Saint-Louis, mort commandant de la marine à Brest, le 23 août 1766. Il avait été marié à demoiselle JEANNE-SYLVIE DE LONGUEVILLE. De ce mariage naquirent :

1°. SOPHIE-JACQUES DE COURBON, dont l'article suit ;

2°. MARIE-RENÉE-SOPHIE DE COURBON, mariée avec M. le comte DE ROSILY, lieutenant-général des armées navales.

XVII. Sophie-Jacques de Courbon, né le 28 novembre 1749, chevalier, marquis de Courbon, baron de Champdolent, d'abord lieutenant de vaisseau, puis capitaine et colonel en second du régiment de Dauphiné ; ensuite colonel-commandant du régiment d'Auvergne-infanterie ; enfin maréchal de camp et lieutenant-général des provinces de Saintonge et d'Angoumois. Il racheta en 1787 la terre et le marquisat de La Roche-Courbon, sortis de la famille par le mariage D'EUSTELLE DE COURBON avec le comte DE LA MOTHE-HOUDANCOUR en 1714. Il mourut en 1794, le 4 août, après avoir été marié le 14 juin 1773 avec demoiselle LÉONTINE-MARIE DE VERDELIN, fille du marquis de Verdelin et de demoiselle de Brémond d'Ars. De ce mariage sont issus :

1°. CHARLES-RENAUD DE COURBON, né en 1775, officier aux housards de Berchini, mort en Vendée ;

2°. CHARLES-PIERRE-HIPPOLYTE DE COURBON, né en 1778, chevalier de Malte, général de brigade, major-général des 4 compagnies des gardes-du-corps de Charles X, non marié ;

3°. CHARLOTTE-ERNESTINE DE COURBON, décédée en 1846, veuve de Marie-Joseph-Théodore, comte DE HÉDOUVILLE, pair de France, général de division, grand officier de la Légion-d'Honneur, ambassadeur à Saint-Pétersbourg, etc., etc., mort en 1826 ; d'où sont issus :

A. — THÉODORE, comte DE HÉDOUVILLE (pair de France), né en 1809, officier de cavalerie, chevalier de la Légion-d'Honneur, etc., marié en 1845 avec FANNY SANSOM, de Colworth, en Bedfordshire (Angleterre) ;

B. — HIPPOLYTE, vicomte DE HÉDOUVILLE, né en 1811, chef d'escadron d'état-major, officier de la Légion-d'Honneur, etc., marié en 1846 avec FRANÇOISE-ALIX DE SAINT-SIMON, fille du duc de Saint-Simon, pair de France, grand d'Espagne de 1re classe, général de division , grand'croix de la Légion-d'Honneur , etc. , etc., etc. ; dont lignée ;

C. — CASIMIR DE HÉDOUVILLE , mort enfant.

***

XVIII. Arnould-Pierre de Courbon , marquis de La Roche-Courbon , comte de Blénac , baron de Lileau , Bréneau , marquis de Contré , Chante-Merlière , Romegoux et autres lieux , né le 6 juin 1726 , marié le 17 juin 1762 à ANNE-CATHERINE BERTHOIMÉE dame DE BARBEAU (d'origine irlandaise) , dont naquirent :

1°. ARNOULD-GABRIELLE-ANNE-PÉTRONILLE DE COURBON , dont l'article suit :

2°. ARNOULD-CHRISTOPHE-MARGUERITE DE COURBON , vicomte de Courbon-Blénac , né le 17 mars 1757 ; élevé page du Roi , puis officier au régiment de Barrois-infanterie , marié en 1782 avec JULIE DE LALANDE , dont sont issus :

A. — ARNOULD-PIERRE DE COURBON-BLÉNAC , né le 28 décembre 1809 à Camarsac , en Bordelais ;

B. — THÉODORE MARIE DE COURBON-BLÉNAC , née en 1800 ;

C. — HIPPOLYTE-ALOÏSE DE COURBON-BLÉNAC , née à Passy près Paris , le 8 août 1805 ;

3°. — ANNE-CHRISTOPHE-ELISABETH DE COURBON-BLÉNAC , élevé page du roi Louis XV , puis officier au régiment royal des vaisseaux-infanterie , marié à demoiselle VIÉNOT DE VAUBLANC (1781) , dont sont issus :

A. — MARIE-ANNE-CATHERINE DE COURBON DE LA ROCHE-COURBON-BLÉNAC , née le 22 juillet 1784 au châ-

teau royal de Vincennes ; veuve sans enfants du baron
DE CHRISTEN, officier au 2me régiment des gardes-
suisses du Roi Charles X ;

B. — LOUISE-HIACYNTHE-CÉCILE DE COURBON-BLÉ-
NAC, née à Paris le 13 avril 1787, mariée le 13 mai
1812 à AUGUSTE VIÉNOT DE VAUBLANC, son cousin ger-
main, dont lignée.

**XIX. Arnould-Gabriel-Anne-Pétronille de
Courbon**, marquis de La Roche-Courbon, comte de
Blénac, baron de Lileau, Bréneau, marquis de Contré,
Chante-Merlière, Romegoux et autres lieux, né le 17
mars 1754, élevé page du Roi Louis XV, officier au régiment de Jarnac-Dragons ; suivit les princes français
dans leur émigration, devint écuyer de Sa Majesté Paul
Ier, Empereur de toutes les Russies, dont il reçut la
croix de Malte ; mort à Saint-Pétersbourg en 1801. Il
fut marié à ROSALIE DE TURPIN DE JOUHÉ, sa cousine,
d'où sont issus :

1°. ARNOULD-SOPHIE-CASIMIR DE COURBON DE LA RO-
CHE-COURBON-BLÉNAC, né à Romegoux en 1787, mort
à Mayence en 1813, chef de bataillon au 2me régiment
des grenadiers à pied de la vieille garde, officier de la
Légion-d'Honneur ;

2°. ANNE-SOPHIE-CONSTANCE-PÉTRONILLE DE COUR-
BON DE LA ROCHE-COURBON-BLÉNAC, née à Romegoux
en 1784, chanoinesse du chapitre noble de Ste-Anne
en Bavière ; marquise de La Roche-Courbon-Blénac depuis son canonicat et la mort de son frère ;

3°. FRANÇOISE-EMILIE DE COURBON DE LA ROCHE-
COURBON-BLÉNAC, née à Romegoux en 1786, mariée
en 1816 à ALEXIS-FRANÇOIS-DOMINIQUE vicomte de
VIENNE, officier du génie, chevalier de la Légion-

d'Honneur et de l'ordre de Saint-Ferdinand d'Espagne , mort le 28 juin 1833. De ce mariage sont issus :

A. — Arnould-Alexis-François-Alexandre vicomte de Vienne , marié en 1842 à Marie - Elisabeth Fanty-Lescure , dont lignée ;

B. — Louise-Ernestine de Vienne , non mariée.

Les armes de la famille **de Courbon de La Roche-Courbon-Blénac** sont : Trois fermeaux (ou boucles) d'or, disposés 2 et 1, l'ardillon en pal, sur champ d'azur ; *Supports* : deux Anges ; *Cimier* : un aigle tenant en son bec la Royale Etoile.

Les principales alliances de cette maison sont :

1°. Les augustes maisons de Condé, Conti, de La Marche, de Lusignan et de Taillefer ;

2°. De Mailly, de Maillé-Brézé, de Dreux, de Polignac, de Chabanais, d'Agès, de Rochechouart ; de Bossu ; d'Adhémar de Monteil ; de Saint-Amant ; de Sévigné ; de Richelieu ; de Talleyrand-Périgord ; de Luynes ; de Chevreuse ; de Brancas ; d'Angennes ; de Courtenay ; de Pons ; de Lure de Saluces ; de Pontieux ; de Sainte-Hermine ; de La Mothe-Houdancourt ; de Rouhaüt-Gamache ; de Ségur ; de La Trémouille ; de Sénecterre ; d'Haussonville ; de Conflans ; de Crussol ; de Roche-Champagne ; de Noailles ; de la Roche-Foucault ; de Mendoze (espagnol) ; de Duras ; de la Tour-du-Pin ; de Beaumont ; de Turpin ; de Salins ; d'Aiguières ; de Boisgelin ; de Rosily ; de Hédouville ; de Saint-Simon et autres dont le détail serait trop long.

(Septembre 1856).

www.ingramcontent.com/pod-product-compliance
Lightning Source LLC
Chambersburg PA
CBHW061716050726
47598CB00004B/1875